ALEXIS GERMON

NOTICE NÉCROLOGIQUE

LUE A L'ACADÉMIE DE SAINTE-CROIX

dans la séance du 23 novembre 1887

PAR

M. BAGUENAULT DE PUCHESSE

ORLÉANS

IMPRIMERIE PAUL GIRARDOT

VIS-À-VIS DU MUSÉE

1887

ALEXIS GERMON

NOTICE NÉCROLOGIQUE

LUE A L'ACADÉMIE DE SAINTE-CROIX

Dans la séance du 23 novembre 1887

PAR

M. BAGUENAULT DE PUCHESSE

ORLÉANS

IMPRIMERIE PAUL GIRARDOT

VIS-A-VIS DU MUSÉE

1887

ALEXIS GERMON

I

Les hommes d'intelligence, de travail et de dévouement sont, à toutes les époques et surtout à la nôtre,
assez rares pour que la disparition de l'un d'eux se
fasse vivement sentir.

Notre si regretté collègue, M. Germon, réunissait à
un haut degré ces trois dons : Homme de travail, dans
les affaires privées comme dans les affaires publiques, il
le fût toute sa vie. Homme de dévouement, il prêta
son concours désintéressé à tout ce qui était bon et
utile. Homme d'intelligence, il était apprécié à ce titre
par tous ceux qui l'ont connu, par la ville d'Orléans
tout entière.

Issu des deux côtés, paternel et maternel, de ces
vieilles familles orléanaises dont le nom a été souvent
mêlé aux faits de l'histoire locale, Aignan-Jacques-
Alexis Germon, né le 7 septembre 1820, trouva dans
son père, négociant important, éminent magistrat consulaire, membre distingué du Conseil municipal, un
modèle qui devait être le guide de toute sa vie.

Mêlé tout d'abord aux affaires de la maison de commerce paternelle, il y puisa cet esprit pratique, ce sens droit et net, ces connaissances techniques qu'il sut toujours si bien mettre à profit.

Mais l'initiation aux choses positives ne nuisait pas chez lui aux dons de l'esprit. De fortes études — il eût le prix d'honneur en rhétorique au collége d'Orléans — lui firent une atmosphère intellectuelle dont il ne se sépara jamais. Ami fidèle des lettres, les goûtant et les cultivant à ses heures de loisir, il était, à ce titre, assez apprécié pour que Mgr Dupanloup, quand il voulut, dans sa ville épiscopale, relever et honorer le culte de la haute littérature, le choisit comme l'un des fondateurs de notre académie. Il nous resta toujours fidèle, nous revint bien vite après la courte interruption de sa mairie ; et s'il ne lui fût pas donné de nous consacrer beaucoup de travaux personnels, il se montra un des plus attentifs et des plus assidus à suivre nos séances.

Sa place était marquée d'avance dans toutes les fonctions publiques que son père, jusqu'à sa mort, arrivée en 1856, avait occupées. Aux élections qui suivirent, en 1865, il le remplaça au Conseil municipal d'Orléans ; et aussitôt il s'y fit connaître comme un des membres les plus utiles et les plus laborieux. Appelé à faire partie de toutes les commissions importantes, chargé de nombreux rapports, de ceux du budget particulièrement, secrétaire du Conseil, il se préparait par avance aux fonctions plus éminentes encore qu'il devait bientôt remplir.

Dans l'intervalle, deux charges qui exigent des aptitudes spéciales mirent à l'épreuve et placèrent hors de conteste sa rare intelligence des affaires.

Appelé, dès 1852, comme juge suppléant et, en 1855, comme juge titulaire au Tribunal de commerce dont il n'a plus guère cessé de faire partie, il en devint président en 1863, et fut nommé en cette qualité à deux nouvelles reprises, en 1869 et en 1883, c'est-à-dire aussi souvent que la loi a permis à ses concitoyens de le réélire. Il était devenu comme le chef naturel et incontesté de la magistrature consulaire d'Orléans. Ce furent d'ailleurs ces graves et délicates fonctions qu'il semblait préférer à toutes les autres. Il excellait à saisir les raisons des parties, à distinguer leurs droits, à concilier leurs prétentions, à établir le bien ou mal fondé de leurs causes, à sauvegarder les intérêts de chacun, enfin à formuler des jugements dictés à la fois par un sens droit et ferme et par une connaissance approfondie de la législation civile et commerciale. Ses motifs étaient si bien déduits et ses décisions libellées avec tant de justesse qu'ils ne furent que très rarement réformés et que les juges civils, d'ordinaire assez portés à traiter d'un peu haut les tribunaux consulaires, ne trouvèrent presque jamais prétexte à modification des jugements formulés par lui. Il mettait même dans ce genre de succès son honneur et son amour-propre légitimes qui, d'ailleurs, tournaient au double profit de la justice et de ses clients ; et il en a fait plus d'une fois ingénûment l'aveu. Ses collègues l'ont proclamé et le citeront longtemps comme un modèle difficile à atteindre et impossible à surpasser.

Quant à la seconde institution, celle de la Chambre de commerce, il en fut presque toujours membre, souvent secrétaire, deux fois président. Il eut même, un jour, la présidence simultanée des deux institutions commerciales réunies.

On sait que les Chambres de commerce, quoiqu'elles n'aient à émettre que des avis consultatifs, traitent les questions les plus intéressantes et les plus essentielles d'économie politique, commerciale, industrielle : chemins de fer, transports, transit régional et international, droits fiscaux, douanes, etc.

S'attachant aux questions spéciales avec plus d'ardeur et d'activité encore qu'aux questions générales, M. Germon étudiait avec le plus grand soin les affaires qui étaient envoyées à la Chambre de commerce par le Ministère. Son esprit prompt et vif en saisissait les côtés utiles et pratiques, les creusait, les étudiait, et ses rapports étaient des modèles moins encore de vérité théorique que de bon sens appliqué.

Son expérience financière était tellement reconnue que son opinion avait la plus grande autorité au conseil de la Banque de France dont il était administrateur, et qu'il fut chargé, par le suffrage de tous les intéressés, de la liquidation de deux importantes maisons orléanaises de crédit, la *banque Varnier Roger* et la *Caisse d'escompte*. Il montra dans ces deux affaires, particulièrement difficiles et délicates, qui lui coûtèrent de longs jours d'un travail opiniâtre, un tact remarquable égalé seulement par un désintéressement complet ; et son dévouement à des intérêts qui n'étaient

pas les siens, comme d'avance, d'ailleurs, il s'y atten-
dait, ne fut pas toujours récompensé par la reconnais-
sance de ceux même qu'il servait le plus utilement.

II

Quand la santé gravement atteinte de M. de Levin la
força de se retirer des fonctions de maire qu'il avait
exercées avec non moins d'intelligence que de fermeté, la
voix, comme unanime, de l'opinion désigna M. Germon
pour le remplacer. Ce fut, dans ce poste éminent,
pierre de touche du vrai mérite, qu'apparurent dans
tout leur jour les qualités dont il était doué.

Trois faits ont plus particulièrement signalé son administration.

Le premier est l'ordre qu'il établit dans les finances
de la ville. Après avoir aidé son prédécesseur à recon-
naître et à réparer les lourdes charges imposées par
l'invasion, il maintint, dans les budgets qu'il dressa, un
si sévère contrôle qu'on put, par intervalle, lui repro-
cher, si on peut appliquer ici le mot de reproche, de
gérer les affaires de la ville comme celles d'un simple
particulier. Sans tenir autrement compte de la critique
qui n'était au fond qu'un éloge, il administra de telle
sorte qu'il laissa après lui les recettes municipales en
excédant de plus de 200,000 francs sur les dépenses et
que ses successeurs, moins scrupuleux, purent faire,
avec les ressources ménagées par lui, les entreprises et
les dépenses que l'on sait.

Le second acte important de son administration fut l'organisation du concours agricole qui se tint avec une grande solennité au mois de mai 1876 et qui coïncida avec les fêtes de Jeanne d'Arc. Le maréchal de Mac-Mahon, alors président de la République, vint pour cette cérémonie à Orléans. M. Germon lui fit les honneurs de la ville et lui adressa à deux reprises une de ces harangues comme il savait les faire, brèves et précises. C'est à cette occasion qu'il reçut de la main même du maréchal la croix de la Légion d'honneur, prix bien mérité d'une noble carrière de dévouement aux affaires publiques, et qui lui causa une satisfaction supérieure peut-être à la récompense elle-même.

Le troisième fait qui restera comme le plus persistant témoignage de sa gestion municipale, c'est la création de tout le quartier qu'on désigne sous le nom de *voies nouvelles*. C'était un agrandissement du périmètre de la ville rendu indispensable par l'extension que prenait l'industrie dans la région Nord-Ouest d'Orléans. Le plan tracé sur les ordres du maire par un architecte de Paris très compétent, fut à la fois, grandiose dans son ensemble et habilement combiné dans son développement. M. Germon l'étudia avec le soin anxieux que lui imposait sa responsabilité; et particulièrement la grave question financière qui s'y rattachait reçut une solution combinée de telle sorte que la ville, sans voir augmenter ses charges, recueillit tous les bénéfices de l'opération. Parmi les autres projets que, pendant sa mairie, il prépara ou exécuta, citons encore l'amélioration des bâtiments scolaires et les études préliminaires des marchés dont les plans et devis étaient, au moment de son départ, complètement dressés et qui, en offrant des dispositions d'aménagement très suffisantes pour les besoins constatés auraient été aussi profitables aux intérêts commerciaux de la ville et bien moins onéreuses pour ses finances que la grande entreprise, depuis réalisée.

Nous indiquerons, en dernier lieu, comme se rattachant à une société sœur de la nôtre, et présentant un double intérêt historique et littéraire, la coopération qu'il donna à la *Société archéologique* pour la conservation et la réfection de la salle des Thèses. Dernier vestige de la célèbre *Université de Lois* d'Orléans, devenu propriété privée, ce curieux monument était sur le point d'être vendu et, peut-être, de disparaître. La Société archéologique, par l'intermédiaire zélé de son président, M. Boucher de Molandon, prit l'initiative d'une combinaison qui, au moyen d'une somme de 10,000 fr. payée par moitié par les deux acquéreurs, faisait racheter l'immeuble, en en laissant la nue-propriété à la ville et l'usufruit à la Société.

M. Germon seconda de tous ses efforts cet heureux arrangement. Il le fit prévaloir auprès du Conseil municipal et assura ainsi la préservation d'un édifice qui, restauré depuis, avec le goût le plus artistique, fait un des ornements et est une des gloires de notre cité. Ce n'est pas d'ailleurs la seule relation que M. Germon ait eue avec la Société archéologique. Au titre de membre honoraire, il assista plus d'une fois à ses séances; et quand il s'agit de donner des noms aux voies nouvelles

qu'il avait ouvertes, il eut l'heureuse pensée de faire
des quartiers récemment créés une sorte de répertoire
des gloires historiques de la ville. Ce fut à la Société
archéologique qu'il fit appel pour indiquer les dénomi-
nations à donner aux voies qui se développaient depuis
le faubourg Saint-Jean jusqu'au faubourg Bannier. Le
rapport de la Commission, adressé au maire par M. Boucher de Molandon, répondit aux vœux de la municipalité
qui adopta dans leur ensemble les indications pré-
sentées au nom de la Société par le rapporteur.

III

M. Germon, avec autant d'intelligence que de dévouement, avait administré la ville pendant trois années
entières, du 22 janvier 1875, date du décret présiden-
tiel de sa nomination jusqu'au 6 janvier 1878. La re-
connaissance de ses concitoyens aurait dû, il semble,
lui conférer de nouveau un mandat dont il s'était mon-
tré si digne. Mais les temps étaient changés ; l'opinion
publique avait subi le contre-coup des événements.
D'ailleurs, plus un administrateur a été juste et in-
tègre, moins il garde l'unanimité des suffrages en
raison même de ses qualités. Le scrutin qui ne fait
guère entrer en ligne de compte les services rendus,
en renversant l'ancien Conseil municipal, redonna à
M. Germon des loisirs dont son activité n'avait pas
besoin. Il ne quitta pas sans un sentiment pénible, il

l'avouait lui-même, des fonctions qui lui permettaient d'employer si utilement, avec son goût pour le travail, l'ardeur de son esprit ; et tout ce qu'il y avait de meilleur parmi ses concitoyens partagea ses regrets.

En effet, dans la sincérité et la vivacité de ses impressions, il ne dissimulait jamais ses préoccupations personnelles et il ne résistait guère au besoin de les communiquer. D'une loyauté à toute épreuve vis-à-vis des autres comme de lui-même, dénué de toute arrière pensée, c'était volontiers l'homme du premier mouvement, mouvement toujours noble et généreux, presque toujours juste et vrai. Quand, par occasion, il avait donné un avis ou émis une appréciation dont sa franchise primesautière expliquait et justifiait la précipitation, s'il s'était quelque peu trompé, il revenait aussitôt sur son premier jugement ; et sans amour-propre comme sans calcul il acceptait l'opinion qu'il avait d'abord repoussée, ou accordait la demande qu'il avait commencé par refuser.

Ses amis, assurés de son extrême droiture, en appréciaient encore davantage des relations que parfois n'estimèrent pas à leur juste prix ceux qui ne l'avaient pas suffisamment connu.

On se plaisait dans son commerce toujours sûr, dans ses rapports toujours ouverts et bienveillants. La netteté de ses opinions ne nuisait pas à leur modération. Il avait trop l'expérience de la vie et la connaissance des hommes pour être exclusif, trop de bon sens pour être passionné, trop de sagesse pour être intolérant. Très ferme sur les doctrines, il était très conciliant pour les personnes, et il entrait volontiers en communication avec des hommes de toutes les situations et de tous les partis. Si, comme représentant des pouvoirs publics, il craignait d'accorder ce qui n'était ni juste ni dû, comme simple particulier il s'empressait de rendre tous les services qui dépendaient de lui ; et les nombreuses affaires auxquelles il a été mêlé lui donnèrent parmi ses concitoyens cette haute et honorable notoriété qui n'appartient qu'aux plus éminents et aux meilleurs.

Les fonctions municipales lui faisant défaut, M. Germon, ne pouvant demeurer inoccupé, se dévoua aux œuvres de bienfaisance et de charité. Il contribua à fonder une institution qui, si elle s'était généralisée, eut rendu de grands services à la classe laborieuse, à savoir la création de maisons ouvrières, destinées à un seul ménage, où chaque père de famille eût son foyer indépendant et que, pour un prix à peine supérieur aux loyers ordinaires, il put acquérir en toute propriété, à l'aide d'un amortissement d'une certaine durée. Il fut le vice-président de cette œuvre toute morale qui se développa peu, parce qu'elle n'était, pour aucun des intéressés, une spéculation.

Il se consacra aussi, comme trésorier, à l'association si utile de la propagation des Sœurs de Charité dans le département, œuvre qui, fondée, dans des temps meilleurs, par un grand évêque, Mgr Dupanloup, et un préfet, homme de bien, M. Dubessey, donna naissance à près de quatre-vingts écoles de filles tenues par des religieuses de divers ordres et particulièrement par les sœurs de la communauté de Saint-Aignan.

Enfin sa dernière œuvre, celle à laquelle il s'était attaché et qu'il affectionnait particulièrement, était celle des *Écoles libres*. Il avait compris immédiatement le besoin de réagir contre les lois funestes qui, sous l'influence de sectaires passionnés, menaçaient l'éducation chrétienne, chassaient la religion de l'enseignement et, pour mieux atteindre leur but néfaste, proscrivaient tous les instituteurs congréganistes dévoués aux idées catholiques par devoir et par profession. Il contribua pour une très grande part à la formation du Comité désigné par la confiance de Mgr l'Évêque pour maintenir l'enseignement chrétien et rétablir, au nom de la liberté des pères de famille, les écoles supprimées par la malveillance des administrations.

Le premier dans les réunions, le plus assidu aux visites d'école et aux examens, il était pour tous un guide et un conseil et faisait sentir partout l'autorité de son impulsion.

IV

Plein de force et de santé, joignant à son activité naturelle son expérience acquise, il devait longtemps encore continuer à donner à la cause du bien l'appui si essentiel de son concours, quand une maladie, aussi vive qu'imprévue, est venue, en très peu de jours, l'enlever à l'estime de tous, à l'amitié d'un grand nombre, à l'affection intime de quelques-uns.

C'est pendant ces derniers instants d'épreuve qu'on

retrouva au plus haut degré en lui cette rectitude d'idées, cette fermeté de caractère, cette sûreté de principe dont il n'avait cessé de donner l'exemple.

Tel on l'avait vu courageux et résolu, quand dans les tristes journées de juin 1848, officier de la garde nationale, il s'avançait seul au milieu de la place du Carrousel pour arrêter la fusillade que des soldats inexpérimentés, par mégarde, dirigeaient les uns contre les autres; tel il se montra en 1870 luttant avec énergie et constance contre les Prussiens; tel, par une fermeté plus rare encore, on l'avait toujours vu, dans ses diverses fonctions publiques, résister aux demandes des indiscrets ou au zèle des intempérants. Tel aussi, dans les derniers jours où il lutta contre la souffrance, il fit preuve d'un calme, d'une résignation, d'une sérénité, conformes au caractère de toute sa vie.

Croyant convaincu, pratiquant fidèle, il mérita d'être qualifié par son évêque de grand chrétien. « C'était, » dit Mgr Coullié qui l'a assisté à son lit de mort, « le « maire de mon sacre, celui qui m'accueillit au mo- « ment où je fus sacré évêque d'Orléans. De là, entre « nous d'affectueuses relations qui ne cessèrent jamais. « Nous avons eu ensemble » ajoutait ici même dans une de nos séances, Mgr Coullié, « les derniers pour- « parlers sous le regard de Dieu. Il a fait le sacrifice « de sa vie en ma présence, dans des sentiments admi- « rables de foi, de courage, et de conviction chré- « tienne. Nous nous sommes dit adieu avec l'effusion « de deux cœurs qui s'aiment et dont l'un se sépare « de l'autre pour le précéder dans la vraie patrie. »

En quittant tout ce qu'il avait aimé, la dernière recommandation et le dernier vœu de notre regretté collègue avaient été pour les écoles libres d'Orléans auxquelles son plus vif désir était de consacrer le reste de son activité et de son dévouement et où il sera aussi difficile de le remplacer que de l'oublier.

Tel fut, pendant une carrière de soixante-six ans, l'homme à qui l'Académie se fait un honneur d'offrir, après tant d'autres, l'hommage du noble et précieux souvenir qui lui est dû. Sa mort, en effet, a semblé un malheur public. La cité entière lui a rendu un éclatant témoignage. Des membres de toutes les administrations, des députations de toutes les Sociétés, des représentants de toutes les opinions, se sont, au jour de ses obsèques (1), réunis dans un sentiment commun ; et si, de son vivant, il y avait eu quelques rares et légères dissidences, sa mort les a fait disparaître et les a enveloppées dans le regret universel.

Celui qui trace ces lignes sous l'émotion d'un véritable chagrin, après avoir participé à beaucoup de ses œuvres et s'être associé à la plupart de ses travaux, se glorifiera d'avoir été, en même temps qu'un de ses plus anciens collaborateurs, un de ses amis les plus fidèles et les plus dévoués.

(1) Le 9 juin 1887.

Orléans. — Imp. PAUL GIRARDOT.